# LETTRE

DE

# PAUL SOLEILLET

à

## GABRIEL GRAVIER

PRÉSIDENT HONORAIRE

*de la Société normande de Géographie à Rouen*

ROUEN

IMPRIMERIE DE ESPÉRANCE CAGNIARD

Rues Jeanne-Darc, 88, et des Basnage, 5

—

1883

# LETTRE DE PAUL SOLEILLET

à

## Gabriel GRAVIER

PRÉSIDENT HONORAIRE

de la Société normande de Géographie à Rouen

*Malcagnat de Gallane, royaume du Choa,*
*empire d'Ethiopie, le 1er septembre 1883.*

MON CHER AMI,

Vous avez bien voulu faire suivre ma lettre du 29 août 1882 de ce *post-scriptum* :

« Au moment où Soleillet recevait du Choa une caravane richement chargée, où il agrandissait son cercle d'action et se mettait en route pour la cour du roi Ménélik II, la Société Godin et Cie faisait prononcer sa dissolution par le Tribunal de Commerce de la Seine. Elle annonce que le capital engagé est insuffisant et que celui souscrit est complètement perdu. Cette décision est d'autant moins compréhensible qu'elle se produit juste quand le succès paraît assuré, quand la récolte commence ». (Société normande de Géographie, *Bulletin* de septembre-octobre 1882, pages 306 et 307).

Vous me donnez ainsi une occasion toute naturelle, et je la saisis avec empressement, de vous entretenir, vous et mes chers collègues de la Société normande de Géographie, de ce que j'ai personnellement fait pour la

*Société française d'Obokh*, actuellement en liquidation, et dont le gérant était *M. Albert Godin, 30, rue de Chabrol, à Paris.*

Au mois de mai 1881, je faisais part à notre illustre maître Ferdinand de Lesseps, de l'immense chagrin que m'occasionnaient mes explorations transsahariennes, brutalement interrompues : « *Fermez le livre*, me dit-il bienveillamment, *mais mettez le signet* ».

A quelques jours de là, un de mes amis, M. Louis Le Brun, me prévenait par lettre que le gérant d'une Société de commerce pour l'Afrique désirait m'entretenir, et il me donnait l'adresse de M. Godin. Je me rendis chez ce dernier ; il me parla d'Obokh et de l'E-thiopie et me proposa le commandement d'une expé-dition que sa Compagnie voulait envoyer à la côte orien-tale d'Afrique pour, me dit-il, y fonder des comptoirs et y créer des relations tant avec les indigènes du littoral qu'avec ceux de l'intérieur du continent.

Je demandai quinze jours pour réfléchir sur les propo-sitions qui m'étaient faites ; je les employai à recueillir des renseignements sur Obokh et l'Ethiopie ; une portion me fut fournie par notre collègue et ami le secrétaire d'am-bassade François Deloncle, l'autre par notre collègue et ami, mon compatriote le voyageur Georges Revoil ; je relus les ouvrages des frères d'Abbadie, Rocher d'Héri-court, Ferret et Gallignet, Tamisier, Raffray, Rivoire, sur l'Ethiopie, le rapport du commandant Vallon et autres documents officiels sur Obokh, etc., et j'acquis la conviction qu'il était possible avec le capital restreint, *600,000 fr.*, dont disposait la Société française d'Obokh, de fonder à Obokh un établissement sérieux et de faire en Afrique quelque chose de profitable pour la France, tout en restant fidèle au programme que je me suis tracé depuis 1865 : *ouvrir des voies, créer des relations entre nos possessions d'Afrique et l'intérieur du continent.*

Je suivis le conseil du grand Français, et, *fermant le livre, non sans mettre le signet,* j'acceptai les propositions qui m'étaient faites ; et aussi, pourquoi ne pas le dire, je suis pauvre et père de famille ; dans l'espoir de gagner un peu d'argent, je signais, le 3o juin 1881, avec la Société française d'Obokh, un engagement où il était stipulé que :

1º Je prenais le titre d'agent général ;

2º Je recevais mission de fonder des comptoirs à Obokh et sur tout autre point de l'Afrique qui me paraîtrait avantageux ;

3º J'établirais des relations commerciales avec le littoral et l'intérieur de l'Afrique ;

4º Si je quittais la Société, je m'engageais à ne pas m'occuper d'affaires dans cette portion de l'Afrique ;

5º En juin 1883, époque où devait finir la Société, je devais recevoir le 10 o/o de l'actif social ; en cas de mort il devait être compté à mes héritiers ;

6º Dans le cas de la continuation de la Société ou de sa transformation après juin 1883, une position d'inspecteur m'était réservée dans la nouvelle Compagnie ; je devais résider à Paris, recevoir un traitement annuel de 15,000 fr. plus 10 o/o des bénéfices.

Pour le moment un traitement insignifiant (10,000 fr. l'an), vu la mission dont j'étais chargé, m'était alloué.

Mon premier travail, pour cette Société, fut un rapport inutilement adressé à son gérant au mois de septembre 1881, et dont la conclusion était qu'il ne fallait apporter à Obokh que des *thalari*, des *armes*, des *tissus*, du *charbon*.

Au mois de novembre 1881, vous devez vous le rappeler, je pris au Havre le commandement de l'expédition que je devais conduire à la côte orientale d'Afrique. Le navire qui m'était confié représentait avec sa cargaison, lorsque nous l'eûmes complétée à Anvers et à Port-Saïd, un capital maximum de *400,000 fr.*, savoir :

1º Le navire armé...................... 200,000 fr.

2º Les provisions et le matériel pour les installations à terre...................... 100,000

3º Les fonds et les marchandises...... 100,000

Total........ 400,000 fr.

Il est à noter qu'une notable partie des marchandises de la cargaison, pour plus de *30,000 fr.*, sucre, farine, liquides, verrerie, étaient invendables à Obokh.

C'est dans ces conditions qu'après avoir pris possession des îles Subâ j'arrivais à Obokh le 12 janvier 1882.

Mon premier soin, en arrivant à Obokh, fut de choisir un emplacement propre à l'érection d'une factorerie, et, après l'avoir fait entourer d'une zariba et y avoir fait construire un baraquement pour les employés de la Société, je me rendis à Aden, pour envoyer mon courrier en France.

Rentré à Obokh, je dressais le plan de la factorerie à faire construire, ainsi que celui de la concession à demander, concession contenant des terrains propres à être transformés en marais salants, jardins maraîchers, terres de cultures, parc à charbon. J'envoyai ces plans au gérant

de la Société à Paris et en déposai les doubles au con-
sulat de France à Aden.

Je fis ensuite partir M. Léon Chefneux pour le Choa,
par la voie de Zeïlah, la seule ouverte en février 1882,
et fus avec M. A. Deschamps (à qui notre gérant,
M. Albert Godin, avait écrit de Paris pour le prier de
s'occuper d'affaires avec moi) faire une reconnaissance de
la côte d'Ethiopie, de Zeïlah à Assab.

Vint ensuite la mort de M. Arnoux, mars 1883, et
autres évènements tragiques, tels que le meurtre par
accident d'un jeune indigène par un de nos domestiques,
l'assassinat d'un enfant Çomali par des Donakils ; mais
grâce à la précaution que j'avais prise, à la suite du décès
de M. Arnoux, d'organiser militairement mon per-
sonnel, nos affaires commerciales ne furent pas interrompues.

Lorsque notre gérant vint en mai 1882 visiter Obokh,
je pus lui présenter une certaine quantité de marchandises achetées à Obokh ou sur la côte *(perles, nacres,
écailles, café, plumes d'autruches, peaux de bœufs et
de chèvres)* et lui annoncer que, grâce aux démarches
que j'avais faites auprès des chefs afars, j'espérais qu'une
caravane, chargée de peaux et partie du Choa pour Tad-
jourah, serait dirigée sur Obokh. Cette caravane arriva,
en effet, peu de jours après, et les marchandises en
furent achetées par notre gérant lui-même.

En juin 1882, je reçus un courrier de M. Léon Chefneux et un contrat qu'il avait passé avec le roi du Choa
Ménélik II. C'était un succès complet. Il aurait fallu être
fou pour demander davantage ; il aurait été même témé-
raire de l'espérer en quittant la France.

En juillet 1882, nous arrivait à Obokh une caravane

envoyée par le roi du Choa Ménélik II ; elle était chargée d'*ivoire*, de *café*, de *musc*, de *cardamone*, de *kousso*, de *berberi*, de *peaux tannées*, de *plumes d'autruches*. La plus grande partie des ivoires appartenaient à S. M. Ménélik II, qui nous les envoyait comme acompte sur l'affaire qu'il avait traitée avec M. Léon Chefneux ; les autres marchandises étaient la propriété des conducteurs de la caravane du roi, de marchands du Choa et de chasseurs çomalis qui s'y étaient joints.

Il faut savoir, c'est important à noter, qu'en janvier 1882, époque de notre arrivée à Obokh, M. Pierre Arnoux, qui y était installé depuis juin 1881, n'avait pas encore pu envoyer au Choa, ni recevoir du Choa, par la voie d'Obokh, même une lettre ; qu'en février j'étais obligé de faire partir pour le Choa M. Léon Chefneux par la voie de Zeïlah ; qu'à Assab il ne s'est encore, en septembre 1883, traité aucune affaire avec le Choa, et qu'en juillet 1883, nous recevions à Obokh la deuxième caravane venant du Choa, et que nous avions pu échanger avec ce royaume deux courriers.

Notre installation à Obokh n'avait pas seulement attiré l'attention des indigènes de l'intérieur, mais aussi celle de ceux du littoral de la mer Rouge, de la mer des Indes. L'Iman de Mascate, entre autres, envoya deux boutres à Obokh pour se rendre compte des affaires qu'il pourrait traiter avec nous. Ce résultat n'a rien d'étonnant, Obokh étant le seul point de toute la côte d'Afrique, de Massâouah à Gardafui, facilement abordable en toute saison, le seul où le commerce soit libre.

Le roi Ménélik II, en nous envoyant des ivoires à Obokh, nous demandait livraison de marchandises existant dans nos magasins, mais représentant une valeur supérieure à celles des ivoires envoyées. Refuser au roi, c'était s'exposer à le fâcher; lui envoyer simplement les marchandises, c'était nous exposer (on n'est jamais pressé en Orient), à en attendre longtemps le paiement. Je pensai que le moment d'aller moi-même au Choa était venu.

J'affretai une barque et je me rendis à Aden avec les ivoires envoyées par S. M. Ménélik II; je les y vendis très avantageusement; j'avertis par lettre le gérant de la Société des résultats de cette opération et l'informai de mon prochain départ pour le Choa, et lui indiquai les motifs qui me faisaient regarder ce voyage comme indispensable.

Cela fait, je rentrai à Obokh avec les fonds provenant de cette vente; une partie y fut employée à acheter aux gens de la caravane les ivoires et le café leur appartenant; l'autre, laissée à un commis de la Société, M. Charles Clouet, à qui je confiai la gestion des comptoirs d'Obokh, et donnai l'ordre de faire terminer les travaux de la factorerie.

Je partis ensuite pour Sagallo, août 1882; j'y établis un comptoir, en confiai la direction à M. Grand, pris possession du territoire cédé par le sultan Hamed Loïta à notre Société, et partis pour le Choa, où, après un très heureux voyage, j'arrivai le 1er octobre 1882.

Très bien accueilli par le roi Ménélik II, ce souverain me promet pour la Société trois importantes concessions, savoir :

1º Chemin de fer ;

2º Oliviers ;

3º Un territoire.

Il m'a déjà donné le Malcagnat de Gallane ; qui avait

été précédemment choisi par un évêque, Mgr Torrens : c'est vous dire que le pays est bon.

Ces résultats obtenus, j'envoyai M. Léon Chefneux à Obokh, et partis pour le Kaffa, où j'arrivai en décembre 1882.

Ainsi, en moins d'un an, c'est avec une vive et légitime satisfaction que je le constate, j'avais accompli la mission qui m'avait été confiée : fonder des comptoirs sur la côte orientale d'Afrique, créer des relations avec les indigènes du littoral et de l'intérieur.

Rentré à Ankobèr fin janvier, j'y recevais, au mois de février, une lettre m'annonçant la mise en liquidation de la Société d'Obokh. Cette lettre, signée par un avocat, ne me donnait aucun détail ; depuis je suis sans nouvelles de la Société. J'ai tout lieu de penser que l'on a tenu à Paris à me faire connaître cette situation le plus tard possible, car :

1º Ce n'est que par une lettre datée de Paris, fin septembre, que l'on m'avise de la liquidation prononcée le 4 août ;

2º Qu'au lieu de m'envoyer cette lettre par un courrier spécial, qui pouvait faire le voyage de la côte au Choa en 15 ou 20 jours, on attend pour me l'envoyer l'occasion d'une caravane ;

3º Et que ce n'est qu'en décembre qu'on fait partir de la côte une lettre expédiée de Paris en septembre.

Que faire en apprenant la mise en liquidation de la Société ? deux choses m'ont paru devoir être faites :

A. Faire payer la Société. Je lui ai fait envoyer, en juin dernier, une nouvelle caravane à Obokh par le roi du Choa ; cette caravane est chargée de 106 cornes de musc et de 161 pointes d'ivoire ; et, sans être définitivement réglée, l'affaire faite avec le roi du Choa a déjà produit un très beau bénéfice.

B. Conserver l'actif social existant en Afrique. Il a une très grande valeur; il ne peut être estimé, aujourd'hui que la Société est en liquidation, à moins de *3,000,000 de fr.* Il vaudrait au moins le double (1) si cette Société, ainsi qu'elle le pouvait, avait régulièrement continué ses opérations; quoi qu'il en soit, cet actif se compose :

1° Concession d'Obokh, mesurée, délimitée, bornée, occupée par moi; elle n'a pu être refusée que si le gérant, qui seul avait qualité pour le faire, l'a demandé. Cette concession comprend : une factorerie construite en maçonnerie, des terrains propres à être transformés en marais salants, de terres de culture, de jardins maraîchers, de l'emplacement d'un parc à charbon ;

2° Concession de Sagallo, où je continue à faire entretenir un gardien. On n'a jamais contesté la propriété du fond ; il a une très grande valeur, et cela, soit que Sagallo soit territoire français, anglais, égyptien, choanais, tout le monde a reconnu l'excellence de ce point. Il faut bien que Sagallo appartienne à quelqu'un ; or nous y sommes propriétaires d'un terrain de 5oo mètres de côté, cela est incontestable et incontesté ;

3° Les contrats passés avec le roi Ménélik ; ils ont pour ce souverain toute leur valeur, il est prêt à en tenir toutes les clauses ;

4° Les promesses de concessions faites par le roi du

(1) Je lis dans les statuts de la *Compagnie Franco-Belge de la côte orientale d'Afrique*, que des études, démarches, promesses de concessions, représentent le 20 o/o du capital social; il est de *10,000,000 de fr.* et peut être porté à *25,000,000 de fr.*

Choa ; il est prêt à les transformer en contrat écrit ; au nom de qui peut les passer ;

5º Le Malcagnat de Gallane ; il a comme étendue une journée de longueur et une demie de largeur ;

6º Mon voyage à Kaffa ; il a ouvert un champ immense aux opérations de la Société ; je n'ai acheté à Kaffa qu'un seul sac de café. Que demain on m'en donne l'ordre et les moyens, j'en achèterai des tonnes, ainsi que de l'ivoire, gingembre, cardamone, musc.

Il n'y a qu'un seul moyen de conserver cet actif, c'est de ne pas abandonner Obokh, où est M. Chefneux, ni le Choa, où je suis. Le jour où nous quitterons l'un ou l'autre la place, des gens (ils ont déjà écrit au roi Ménélik *des lettres, ainsi que je l'ai appris depuis, arrivées en octobre à Aureillo, informant de la liquidation de la Société que je n'ai connue qu'en février*) sont là pour profiter de tout ce qui a été fait par notre Société et à s'approprier ce qui est actuellement la propriété de nos actionnaires, et un peu la mienne aussi.

Car le 10 p. o/o de l'actif social, au 30 juin 1883, m'a été cédé par contrat ; cet actif ne pouvant être estimé à moins de *3,000,000 de fr.* c'est donc *300,000 fr.* légitimement et péniblement gagnés que je perds si la Société l'abandonne.

Vous me connaissez assez, mon cher ami, pour savoir que je me consolerai aisément de cette perte ; que j'oublierai facilement tout, travaux, fatigues, dangers, si ce que j'ai fait à Obokh, à Sagallo, au Choa, chez les Oromons de Djema, chez les Guerra, les Limoux, les Gomas, les Sidamas de Kaffa, sur les rives de l'Abaî, de l'Oromo, de l'Haouach, contribue à l'extension en Afrique du commerce, de l'industrie, de la civilisation de la France.

D'après votre *post-scriptum*, notre Société, en faisant prononcer sa liquidation par le tribunal de commerce, aurait donné pour raison l'insuffisance de son capital. Cela est discutable; la perte totale du capital souscrit ne pouvait être exacte en août 1882, puisque ce ne l'est pas en septembre 1883, plus d'un an après.

Quelles sont alors les causes de la liquidation ?

Vous les ignorez, et moi aussi, mon cher ami, mais : *n'oubliez jamais, jamais, au moins, que je suis étranger, complètement étranger à tout ce qui a été fait à Paris et aussi à Aden au nom de la Société française d'Obokh.*

Ce que nous avons fait en Afrique, je viens de vous l'exposer, et j'en assume bien volontiers toute la responsabilité; je la revendique même, car s'il n'y a profit, il y a honneur.

Rouen. — Imp. E. CAGNIARD, rues Jeanne-Darc, 88, et des Basnage, 5.

104

C'EST LE FONDS QVI MANQVE LE MOINS